1 방과 후 미스터리 클럽

 재담

인사말

이 넓은 우주에 지적 생명체가 과연 인간뿐일까요? 저와 함께 외계인을 찾는 여행을 떠나 보아요!

안녕하세요, 맹성렬입니다. 제가 흔히 UFO박사라고 불리지만 사실 저는 물리학과 전자·전기공학을 전공한 학자입니다.

이 세상에 UFO를 전문적으로 연구하는 학문이나 교육기관은 없지만 만약 UFO학이라는 학문이 있다면 제가 제일 처음 박사학위를 받았을 거라고 생각해요. 그만큼 UFO는 제 인생에서 아주아주 중요한 연구과제랍니다.

여러분은 UFO가 무엇이라고 생각하나요? 저는 30년 넘게 연구한 끝에 인류의 기술로는 UFO를 구현할 수 없다는 결론에 도달했어요.

처음엔 UFO가 현대 인류의 우주시대 신화라는 관점에서 이 문제에 접근했습니다. 그래서 제가 쓴 책이 『UFO 신드롬』이에요. 신드롬이란 그 원인을 명확히 알 수 없는 증후군이란 뜻입니다.

많은 사람들이 UFO를 목격했다고 하고, 어떤 이들은 UFO를 타고 나타난 아름다운 이들로부터 인류 구원의 사명을 받았다고 합니다. 그런가 하면 또 다른 이들은 자고 있는데 눈이 큰 끔찍한 존재들이 벽을 뚫고 침실에 나타나 자신을 UFO 안으로 납치했다고 주장하기도 합니다.

이와 비슷한 이야기들은 과거에도 있었던 듯해요. 중세에는 요정과 마녀들이, 그리고 고대에는 신들이 인간을 시험하곤 했다는 전설이나 신화가 그 증거일 수도 있습니다.

그런데 제가 UFO박사로 소문이 나면서 UFO를 목격한 우리나라 공군 전투기 조종사들을 직접 인터뷰할 기회가 몇 번 있었습니다.

그중 한 사례는 네 명의 전투기 조종사가 두 대의 전투기에 나눠 타고 편대를 이뤄 미군과 합동 훈련을 하러 가다가 발생했습니다.

그들은 도중에 UFO를 목격하자 직접 쫓아갔다고 합니다. 처음엔 그 UFO가 도망가는 것처럼 보였는데 어느 순간 공중에 정지하더니 두 대의 전투기를 무려 이십 분이 넘도록 관찰했다고 합니다. 그런데 이 UFO는 지상 레이더에 포착되지 않았고 전투기의 레이더 스크린에도 전혀 나타나지 않더랍니다. 그렇다면 네 명의 조종사들이 집단 환각이라도 일으킨 걸까요? 그런 오해를 받을까 걱정한 그들은 다른 전투기 조종사들에게 UFO를 육안 관찰하도록 유도했답니다. 그렇게 객관적인 목격자들을 여럿 확보했습니다.

그 후 이 사건을 정식 보고서로 작성해 국방부에 보고하려 하자 이들이 인사상 불이익을 받을 것을 우려한 정보장교가 중간에 없애 버렸다고 합니다.

이 사건을 제가 알 수 있었던 것은 바로 이 정보장교가 대령으로 예편하기 몇 달 전에 저를 찾아와서 제보했기 때문입니다.

또 다른 사례로는 갓 임관한 공군 장교들의 초등 비행훈련 교관과의 인터뷰였는데, 그 당시 그는 반쯤 넋이 나간 사람 같았습니다. 그는 가방에서 지도와 자, 그리고 계산기를 주섬주섬 꺼내서 그가 목격한 UFO 속도를 계산해 보여 주었는데 무려 음속의 일곱 배가 넘는 속도였습니다.

오늘날 가장 빠른 전투기도 음속의 세 배를 겨우 넘는 수준입니다. 최근 강대국에서 개발한 극초음속기는 음속의 열 배 이상으로 비행한다지만 수직 하강하면서 중력을 이용해야 비로소 그런 속도가 가능합니다.

그런데 그는 지상에서 불과 500미터 높이에서 수평 비행하는 UFO의 속도를 측정한 것이라고 주장했습니다. 그는 이렇게 빠르게 움직이는 비행체에서 날개나 추진체 등을 발견할 수 없었으며 음속을 돌파했는데 소닉붐(비행체가 음속을 돌파할 때 발생하는 폭발음)을 내지 않았다는 사실에 당황하는 기색이 역력했습니다.

저는 이런 사례들을 직접 접하면서 처음으로 UFO를 접했던 때와는 태도가 많이 달라졌습니다. 책을 쓰면서 미국을 비롯한 외국의 UFO 목격 사례를 조사, 분석했는데 거기에서 찾아낸 공통점이 우리나라 공군 조종사들이 체험한 것과 다르지 않다는 사실은 저를 크게 고무시켰습니다.

그리고 마침내, UFO가 지구에서 만든 비행체가 아니라 그보다 훨씬 발달한 다른 문명에서 만들어졌을 가능성을 심각하게 고려하게 된 것이죠.

어린이 여러분, 저는 UFO가 진짜 존재한다고 생각해요. 앞으로 그 정체가 무엇인지 함께 밝혀 볼까요.

캐릭터 소개

맹성렬 박사님
공학박사이자 UFO 전문가. 미스터리한 유물과 유적, 사건사고 등을 과학자의 시선으로 파헤치는 미스터리 탐구가이기도 하다. 지구에 침공한 외계인의 의도와 목적을 파헤치기 위해 아이들과 함께 좌충우돌, 고군분투한다.

정시원
미스터리에 과몰입한 미스터리 찐덕후. 특히 UFO와 외계인에 대한 관심이 어마어마하다. 언젠가 외계인이 지구를 침공할 거라고 굳게 믿으며 '방과 후 미스터리 클럽'을 이끌고 있다.

진아서
이 세상에 미스터리란 존재하지 않는다고 믿는 과학 신봉자. 엄친아, 재벌가 외아들, 학생회장, 전교 1등 타이틀을 모두 가지고 있으며 좋은 생각이 떠오르거나 결정적인 순간엔 "체크메이트!"를 외치는 버릇이 있다.

오미도
오컬트 마니아. 비과학적인 것들을 탐구하기 위해 미스터리 클럽에 가입했다. 오컬트와 오파츠에 대한 방대한 지식을 가지고 있으며, 언젠가 자신이 대주술사가 되리라 믿고 있다. (AKA '오'컬트에 '미'친 '도'라이)

아처

프록시마 첩보국 소속의 비밀요원. 농담도 잘하고 장난도 잘 치지만 최정예 요원답게 냉철함을 가지고 있다. 실실 웃으면서 "처리해 버리자"라는 말을 툭툭 내뱉는 어딘가 무서운 스타일.

닥처

프록시마 첩보국 소속의 비밀요원. 아처의 동기이자 파트너로 콤비처럼 죽이 잘 맞는다. 자칭 프록시아 행성 최고의 꽃미남으로 수시로 손거울을 꺼내 보는 폼생폼사.

까꿍 1호

프록시마 첩보국에서 만든 인간형 휴머노이드 전투 로봇. 하지만 기억상실증에 걸린 이후 현재 평화 모드로 활동하며 전투모드의 약 30% 정도의 전투력을 발휘하고 있다. 막대사탕으로 시공간 이동 포털을 열 수 있다.

클링

프록시마 첩보국에서 만들어 요원들에게 지급한 최첨단 청소 로봇. 불의를 보면 참지 못하는 강철같은 의지와 정신력을 가지고 있지만, 비밀요원의 명령을 어쩔 수 없이 수행하며 고뇌 중이다.

차례

인사말	002
캐릭터 소개	004
차례	006
프롤로그 : 프록시마 첩보국의 새로운 임무!	007
1화 : 방과 후 미스터리 클럽!	063
2화 : 난 누구? 여긴 어디??	099
3화 : 비상! 비상! 위기의 로스웰 사건!	135
4화 : 미션을 해결하고 박물관에서 탈출하라!	161
미스터리 클럽① : 미스터리 서클	178
미스터리 클럽② : 로스웰 사건	180
미스터리 클럽③ : 렙틸리언	182
미스터리 클럽④ : UFO와 외계인	184

프롤로그
프록시마 첩보국의 새로운 임무!

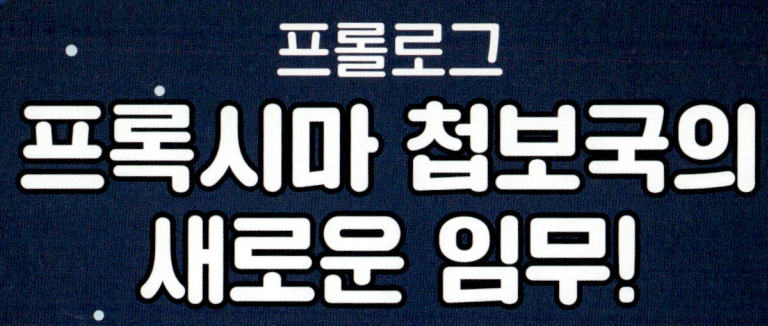

광활한 우주의 저편 —

지구를 닮은 푸른 행성

프록시마.

고도화 된 문명과

쿠오오―

앞선 과학기술을
향유하던 그들이었지만

차기 황제 자리를 두고 벌어진
계승 서열자 간의 '찬탈전쟁'은

돌이킬 수 없는 상처와

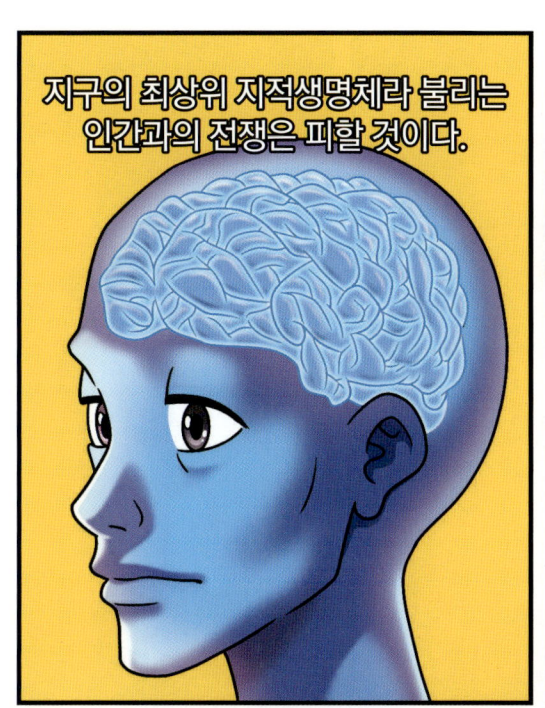

그러니 가거라!
제국의 용사들이여!!

가서, 인류의 시간을 거꾸로 되돌려
그들의 문명을 퇴보시켜라!!

그리하여
태초의 맑고 깨끗한 상태로
정화된 지구가

와

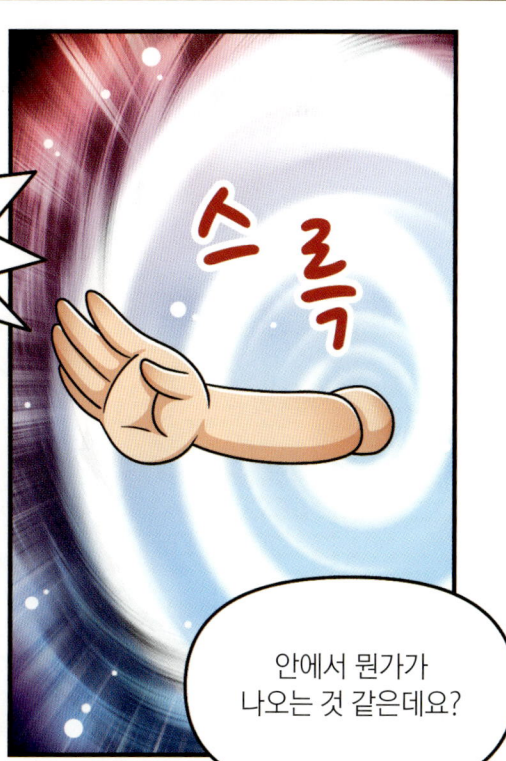

휙

근데 이쁜 언니야는 누구?

이쁜 언니야는 너의 직속상관인 아처란다.

치익

잔고장도 심한데, 이젠 건망증까지… 4세대 구형 로봇이라 수명이 다했나?

자자~ 모두 주목! 여러분은 오늘 아무것도 못 본 겁니다.

UFO나 외계인을 본 적도 없고, 탱크가 망가진 건 과열된 엔진이 폭발한 거다 이겁니다.

칙― **칙―** **칙―**

어이, 형씨들~! 언제까지 숨어서 구경만 할 겁니까?!

5초 내로 튀어 나온다, 실시-!!

실시-!!!

척!

척!

수고했어.

위잉-

역시 최정예 요원다운 깔끔한 일처리군.

프록시마 첩보국 국장
막커스

그래서 말인데…
제군들이 맡아 줘야 할
새로운 임무가 하나 생겼어.

황제폐하께서
직접 명령하신 황명이야.

화, 황명!!

무슨 뜻인지 이해했나?

당연하죠. 과거로 타임 슬립해 우리 프록시마인들이 남긴 흔적들을 찾아 모조리 청소하란 거잖아요. 쓱싹쓱싹~

어딥니까?

쓱싹

쓱싹

헉—

위이이이잉—

우리가 활약할 작전 장소가?

하지 마세요~ 머리카락 빠져요~~

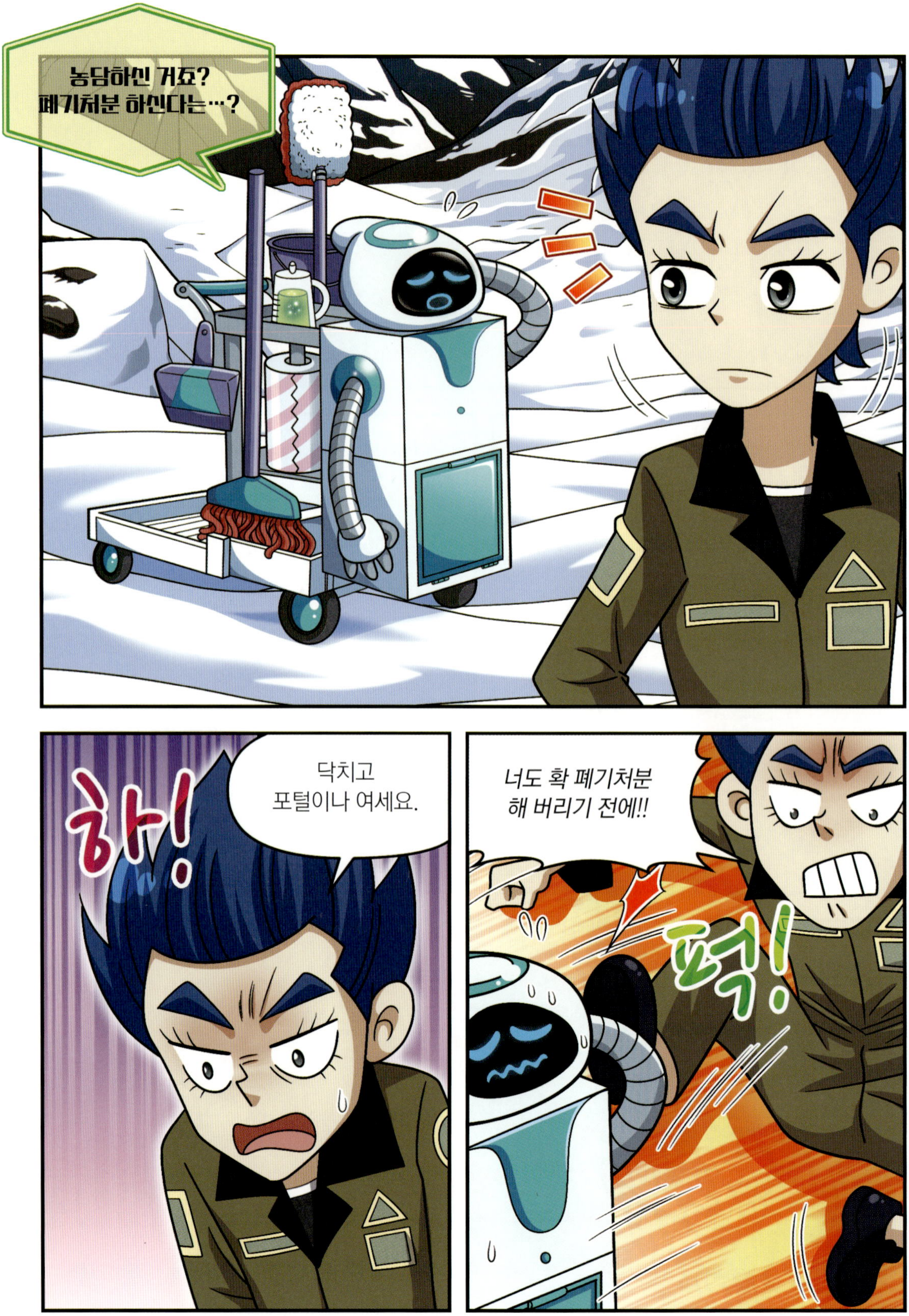

대한민국에 새로 생겨나 개관을 앞둔―

마주초등학교

꺄아아아아악~

선배! 우리 〈방과 후 미스터리 클럽〉 활동을 하기 위해 모인 거지, 입대를 한 게 아닙니다.

진아서 (4학년 1반)
과학 신봉자

흐흐~ 다 떨어져 나가고 이젠 꼴랑 셋… 해체가 정답인 듯.

오미도 (3학년 3반)
오컬트 마니아

으아아~ 나이스 타이밍! 저거 타야 돼!

끼이익~

서민들이나 이용하는 버스를 나보고 타란 겁니까? 버스 같은 건 타본 적이 없습니다만!

그럼 이번 기회에 경험해 보면 되겠네~!

타 타 탁

슈웅~

달려달려~!!

참자 참아, 미스터리 클럽에 들어온 목적을 이루려면 이 정도 시련쯤은 참고 견뎌야 해.

흐흐~ 뛰는 거 너무 싫어~

재벌가 도련님이 버스비 좀 내 줘. 나 용돈 다 떨어졌어. 거지라고.

이럴 때만 도련님입니까? 내가 물주예요?

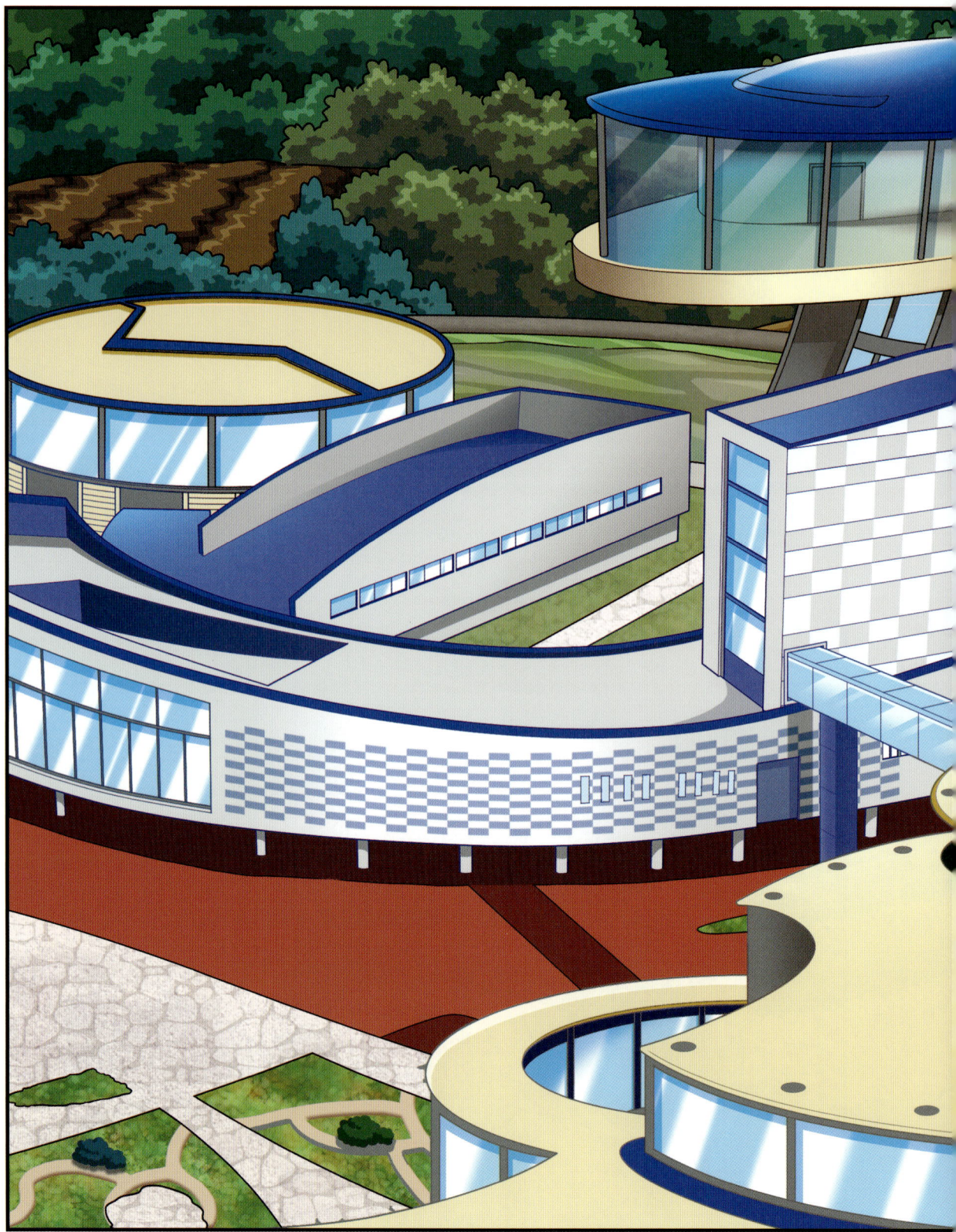

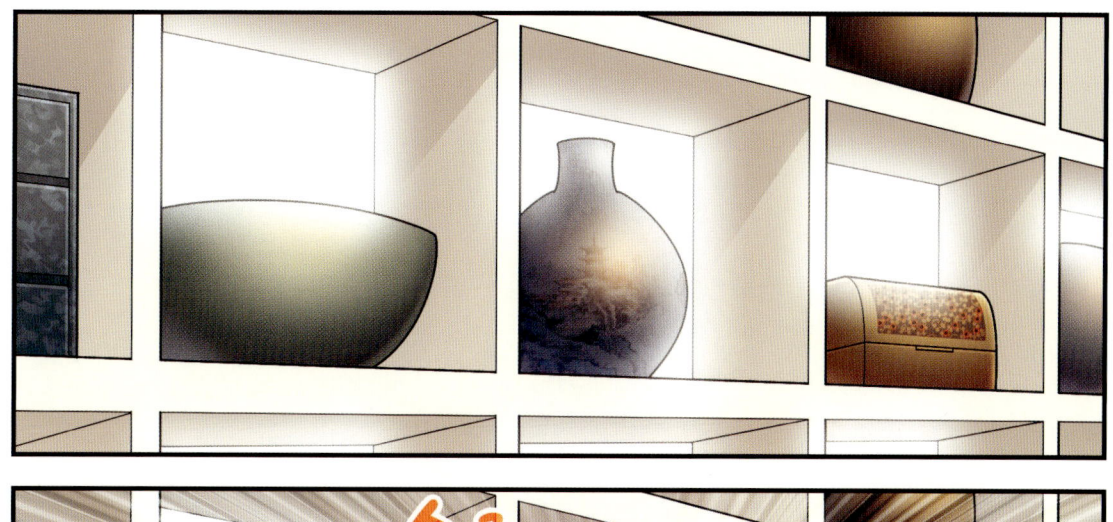

남태평양의 한 무인도

캬아~ 좋다.
낙원이 따로 없구나~

쪼오옥~

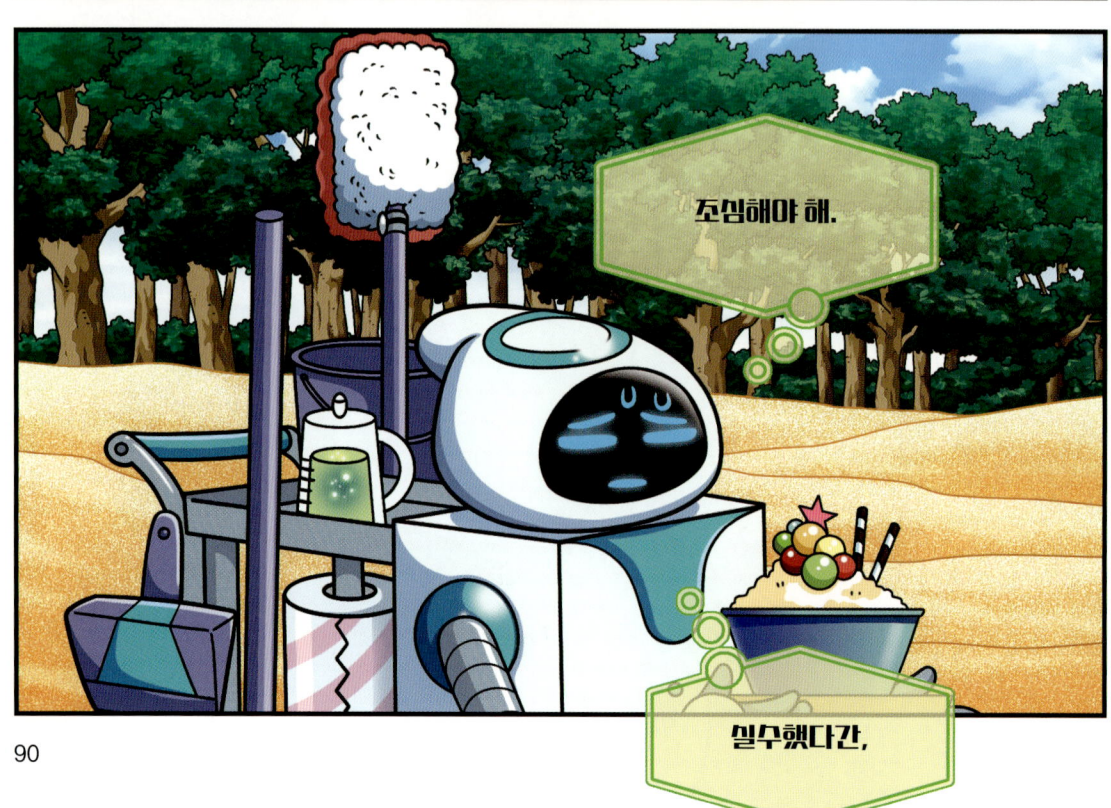

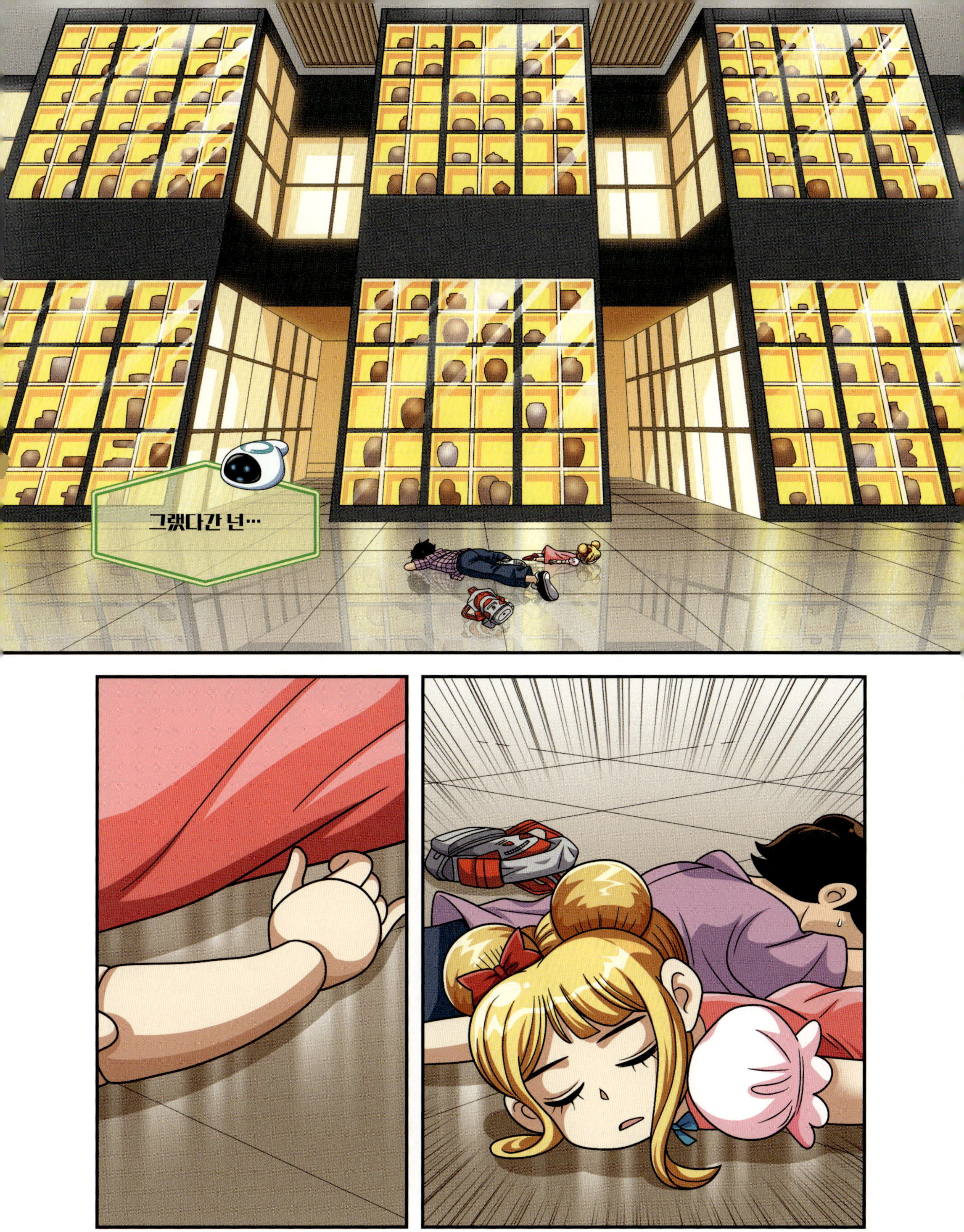

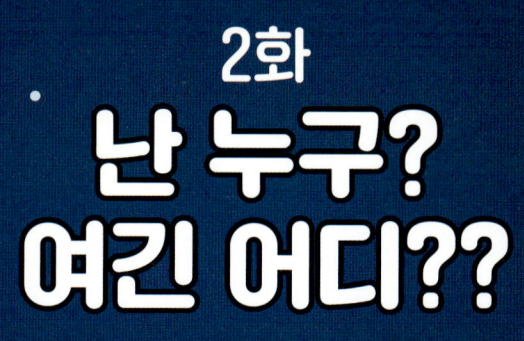

나 또한 내 목적을
포기할 생각은
눈곱만큼도 없으니까!!

선배,
같이 가요~~~

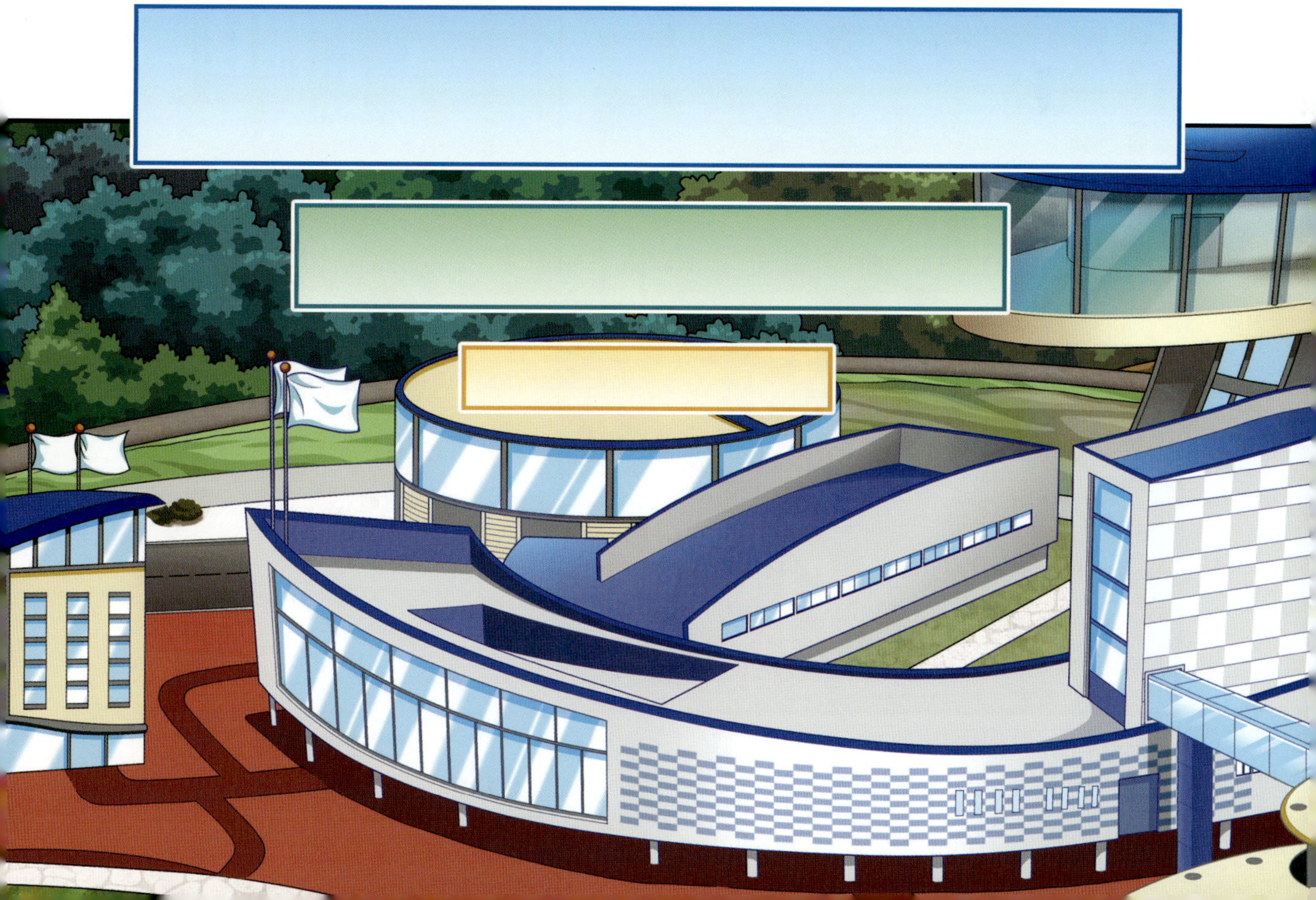

까꿍, 아직 박물관에 남아 있다면 도망쳐야 해! 요원들로부터 최대한 멀리!!

멍때리지 말고 결계나 치세요~

그럼 시작해 볼까! 까꿍은 임무 끝나는 대로 찾아서 처리하는 걸로 하자고!

명령 수행! 지금부터 봉쇄용 대결계를 가동합니다!

전개, 개시—!!!

미스터리 박물관 수장고

몇 분 전—

도와주세요~~~~~!!

우리 갇혔어요~~~~!!!!
구해 주세요, 제발, 플리즈~~~!!!!!!!

흐흐~
시간은 멈췄는데, 배는 고프네.

꿈이라도 꾸는 건가?
어떻게 이런 일이 일어날 수 있지?
저 로봇도 그렇고,
무엇 하나 합리적이고
논리적으로 설명이 안 돼.

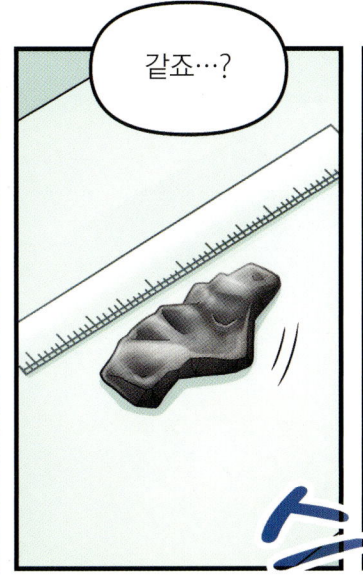
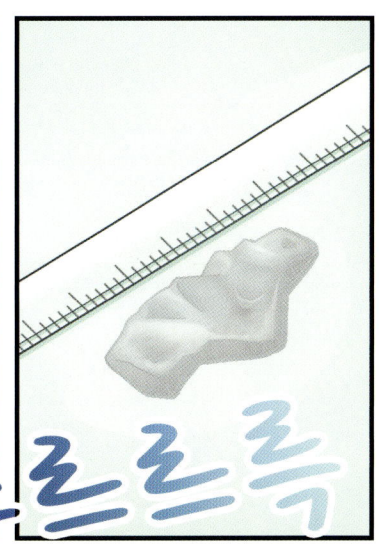

부록
<지켜라! 지구인>
미스터리 클럽

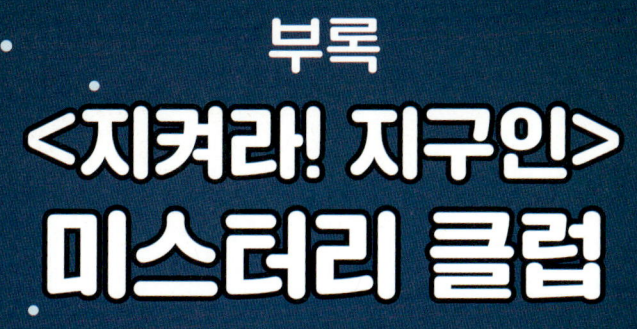

Q1. 박사님, 저는 미스터리 찐덕후로서 '미스터리 서클'이 외계인이 남긴 메시지라고 믿고 있어요. 야외 전시품이 아닌 진짜 미스터리 서클을 발견하고 싶어요. 우리나라에서 미스터리 서클이 발견되었다는 게 정말인가요? 이 발견에 대해 자세히 알려주세요!

A1. 미스터리 서클(Mystery Circle)

미스터리 서클(Mystery Circle)이란, 너른 들판의 식물이 일정한 방향으로 눕혀져서 위에서 보았을 때 어떤 기하학적 무늬가 만들어진 것을 의미합니다. 크롭 서클(Crop Circle)이라고도 부르기도 하지요.

미스터리 서클은 주로 영국의 스톤헨지 인근 밀밭에서 많이 발생합니다. 1997년 여름, 한 방송국 다큐멘터리 제작팀이 영국에서 미스터리 서클 취재를 했을 때 제가 가이드로 참여했습니다. 스톤헨지

▲ 1-1. 영국 스톤헨지 사진

바로 앞쪽에 커다란 미스터리 서클이 그려져 있어서 스톤헨지 쪽에서 내려다 봤는데 그 모양이 무엇인지 제대로 알아볼 수 없을 정도로 매우 컸습니다. 문제는 그런 서클들이 밤 사이에 만들어진다는 거예요. 영국은 위도가 우리나라보다 훨씬 높아서 여름에 밤이 아주 짧죠. 밤 11시까지도 어둠이 짙게 깔리지 않고 새벽엔 4시면 먼동이 트기 시작해요. 저는 이렇게 짧은 시간 동안 사람들 눈을 피해 어떻게 이런 엄청난 작업을 할 수 있는지 도저히 이해할 수가 없었어요. 세계문화유산인 스톤헨지는 24시간 경비원들이 지키기 때문에 경비원이 알아차릴 수밖에 없거든요. 취재 동안 한 경비원은 바로 코앞의 밀밭에서 미스터리 서클이 만들어졌는데 자신과 동료들이 그걸 전혀 눈치를 채지 못했다는 사실이 매우 신기하다고 말했어요.

또한 당시에 체코 조사팀과 함께 아직 발견하지 못한 미스터리 서클을 찾아 나설 기회가 있었습니다. 사실 지상에서는 미스터리 서클을 분간하는 게 매우 어려워요. 공중에 비행기를 띄워서 확인한 후 위치를 알려 주면 찾아가는 식으로 발굴 작업이 이루어지는 게 보통인데 그날 기상 상태가 좋지 않아 원시적인 방법으로 찾을 수밖에 없었죠. 어쨌든 시행착오 끝에 전인미

답의 미스터리 서클을 발견해 조사할 수 있었습니다. 거기서 아주 흥미로운 현상을 직접 확인했는데, 그것은 밀 줄기가 기계적으로 꺾인 게 아니라 꺾인 부분이 생물학적으로 부풀려져 꺾였다는 사실이었습니다. 이런 기술은 현재 우리의 과학기술로 도저히 구현할 수 없다고 생각해요.

그 후 한국에 돌아온 저는 미스터리 서클에 대한 궁금증을 풀기 위해 관련 서적들을 구매해 연구하기 시작했습니다.

▲ 1-2. 미스터리 서클 사진

그리고 2008년 여름, 한 방송사에서 연락이 왔습니다. 충남 보령에서 미스터리 서클이 발견됐다는 것이었죠. 함께 그곳에 가서 조사를 했는데, 그것이 진짜가 아니라는 사실을 깨닫는 덴 오랜 시간이 걸리지 않았습니다. 그것이 만들어진 현장은 하천의 갈대밭이었는데 갈대가 기계적으로 꺾여 있었고 심지어 낫 같은 것으로 자른 흔적도 발견되었기 때문입니다. 며칠 후, 그 미스터리 서클이 한 유명 가수가 자신의 새 앨범 출시를 기념해 진행한 이벤트였다는 사실을 보도를 통해 알게 되었습니다. 그 가수는 UFO와 미스터리 서클에 관심이 많다고 알려져 있지요. 하지만 그가 단순히 해프닝으로 그런 이벤트를 벌인 것은 아니라고 생각해요. 왜냐하면 보령은 우리나라에서 몇 안 되는 UFO 메카 중 한 곳이라고 할 수 있으니까요. 1973년에 그곳에 소재한 초등학교에서 선생님과 여러 학생들이 아주 가까이 날아온 UFO를 목격한 사건이 있었거든요. 우리나라에서도 가끔씩이지만 UFO의 출몰이 꾸준히 있어 왔어요. 1995년 가을에도 그런 일이 있었는데 때마침 저의 책 『UFO 신드롬』이 출간되어 큰 조명을 받았었죠. 조만간 다시 우리나라에 UFO가 대대적으로 출현할 것이라고 믿어요. 그리고 어쩌면 진짜 미스터리 서클도 나타날지 모르죠. 함께 기다려 볼까요.

▲ 1-3. 미스터리 서클 안에서 찍은 사진

영국 스톤헨지 이미지 출처: ©garethwiscombe /Wikimedia Commons CC BY 2.0
미스터리 서클 이미지 출처: ©sirk_nala /Wikimedia Commons CC BY 3.0
미스터리 서클 안에서 찍은 사진 이미지 출처: ©Rodhullandemu /Wikimedia Commons CC BY 3.0

Q2. 저는 외계인이나 UFO와 관련된 미스터리가 아직은 과학적으로 증명되지 않은 현상일 뿐이라고 생각해요. 그래도 최대의 미스터리 사건 중 하나인 '로스웰 사건'이 발생한 1947년 뉴멕시코주까지 타임슬립을 하게 되니 점점 혼란스러운데요. 로스웰 사건에 대해 좀 더 알고 싶어졌어요.

A2. 로스웰 사건

일명 '**로스웰 사건**'은 미국 뉴멕시코주의 한 시골 마을인 로스웰에 UFO가 추락하여 미국 정부가 이 비행접시에서 외계인의 시신을 수습해 비밀에 부친 사건으로, UFO 미스터리 중 가장 상징적인 사건 중 하나입니다. UFO에 대해 미 공군(당시는 미 육군 항공대)에서 관심을 갖게 된 초창기인 1947년에 발생했고 인근 비행장에 주둔한 미군이 공식적으로 UFO 추락을 발표했다가 철회하는 해프닝을 벌였기 때문에 사건 발생 100년이 다 돼 가는 오늘날까지 화제의 중심에 있는 사건입니다. 당시 로스웰에 어떤 비행체가 추락했고 이를 미군이 회수해 간 것은 사실이에요. 하지만 그것이 무엇이었는지는 아직도 밝혀지지 않았습니다. 미군은 처음에 그것이 기상관측 기구였다고 발표했어요. 기자회견장에 잔해들을 가져와 사진까지 찍게 했죠. 하지만 의혹이 끊이지 않자 말을 바꿉니다. 그것이 '모굴'이라는 초극비 프로젝트와 관련이 있고 추락한 것은 이 프로젝트 일환으로 하늘에 쏘아 올렸던 시험 비행체와 거기에 태웠던 마네킹이었다는 겁니다. 하지만 외계인의 사체가 수거되어 미군 기지로 운반되었다는 관련자들의 증언이 잇따르자 이에 대응하기 위해 유사한 내용으로 역정보 자료를 꾸며내 공개한 것이 아닌가 하는 의구심을 갖기에 충분한 정황인 거죠.

▲ 2-1. 로스웰 사건 신문기사

그러다 1996년에 로스웰에서 회수된 외계인 사체의 해부 장면이 담긴 필름이 공개되어 전 세계적으로 큰 화제가 된 적이 있었어요. 그 필름의 판권 소유자가 영국 런던에 있어서 한 방송국 다큐멘터리 제작팀이 취재하러 영국에 왔을 때 제가 중간에서 도움을 주었는데 당시 이 영상을 보고 진짜 외계인 사체라며 많은 사람들이 열광했지만 결국 위조된 것으로 밝혀졌죠.

로스웰 사건은 아직도 진행형이에요. 1947년 로스웰 기지 공보장교로 복무하며 보도자료를 냈던 월터 하우트가 자신이 죽은 후 공개하라며 유언장을 남겼어요. 이것이 2007년에 공개되었는데 거기에 로스웰에 추락한 물체에 대한 자세한 내용이 담겨 있어 세상을 발칵 뒤집어 놨죠. 그의 유언장에 따르면 그날 계란형

▲ 2-2. 로스웰 사건 당시 기자회견장

의 길이 3.6~4.5m에 너비 1.8m인 추락한 비행체를 보았고 그 근처에서 방수 외투를 입은 키가 1.2 미터 되고 머리가 큰 사체 2구를 보았다고 합니다. 그는 결론적으로 자신이 관찰한 것은 외계인과 비행체 종류였던 것으로 확신한다고 했죠. 이처럼 상당히 신뢰할 만한 내부 고발자가 등장하자 전 세계 매스컴이 발칵 뒤집힌 거예요. 그런데 사실 하우트는 로스웰 관광과 직접적인 이해관계가 있는 당사자였어요. 그는 퇴역 후에 로스웰에 UFO박물관을 짓고 이를 통해 짭짤한 수입을 올리고 있었거든요. 그리고 그 박물관은 그의 아들이 물려받아 운영하고 있죠.

최근 미 국방부에서 UFO 조사를 재개하면서 내부 고발자들 중에 미군이 추락한 UFO를 회수해 리버스엔지니어링을 하고 있다는 주장을 하는 사람이 나타나서 미 의회 증언대까지 섰어요. 물론 이 사람은 자신이 직접 프로젝트에 참여한 것이 아니라 매우 신뢰할 만한 사람으로부터 들었다고 증언했습니다. 이처럼 로스웰을 둘러싼 미스터리는 까고 또 까도 정확한 진실을 알 수 없는 양파 같은 매력이 있습니다.

Q3. 외계인 놀이를 하며 항상 '렙틸리언' 가면만 썼더니, 진짜로 렙틸리언이 존재할 것만 같아요. 렙틸리언은 정말 영화에서나 존재하는 파충류형 외계인일까요? 지금까지 연구된 렙틸리언에 대한 이야기가 듣고 싶어요!

A3. 렙틸리언(Reptilian)

지난 수십 년 동안 UFO와 그 탑승자들을 목격했다는 많은 보고가 전 세계에서 있었어요. 그런데 그 목격된 존재들은 아주 다양한 모습을 하고 있죠. 가장 많이 목격된 유형은 키가 작고 피부가 회색이나 푸른색이며 눈이 아주 큰 종족입니다. 그리고 두 번째로 인간과 모습이 아주 똑같은 그런 존재들도 목격이 됩니다.

이 두 유형이 가장 많이 목격되며 휴머노이드형이라고 불리죠. 키가 작은 존재들은 주로 납치를 하는 데 관여합니다. 이런 존재들에게 납치된 이들을 피랍자라고 하며 그들은 한두 시간 동안 이들에 의해 UFO로 끌려가서 아주 끔찍한 체험을 했다고 보고됩니다. 인간의 모습과 흡사한 이들을 만난 지구인들은 종종 그들에게서 인류 구원 사명의 메시지를 전달받고 일종의 종교 운동을 합니다. 이들을 접촉자라고 하죠.

한편 로봇처럼 생기고 행동하는 존재들의 목격담도 있습니다. 이들은 뭔가 지구상에서 임무를 수행하는 듯 보이며 조우한 이들과 어떤 커뮤니케이션도 없다고 합니다. 그다음으로 자주 목격하는 존재들은 괴물처럼 생긴 존재들입니다. 뭔가 인간처럼 생겼지만 좀 징그럽고 무서운 그런 존재들인 거죠. 렙틸리언은 바로 이런 유형에 속합니다.

최근 그 목격 사례가 급증했긴 하지만 사실 렙틸리언은 그리 흔하게 목격되는 유형은 아닙니다. 그럼에도 왜 렙틸리언이 그렇게 유명해졌을까요? 30~40년 전쯤 〈V〉라는 SF 드라마가 방영된 적이 있었는데 여기에 등장하는 외계

▲ 렙틸리언 가면을 쓴 미도

인이 바로 렙틸리언이었습니다. 처음 인류와 접촉할 땐 인간과 똑같은 모습을 하고 등장하지만 실체는 파충류였다는 설정입니다. 그런데 이건 좀 오래된 영화라 요즘에 그런 존재에 대한 관심이 높아진 걸 설명하긴 어렵습니다. 그렇다면 아마도 그것은 최근 전 세계를 강타했던 '밈'에서 세계적으로 유명한 셀렙들의 눈이 잠시 파충류처럼 변하는 장면을 보여 주면서가 아닌가 예상해 봅니다. 그래서 셀렙들이 대부분 외계인이고 그들의 정체는 바로 렙틸리언이라는 믿음이 생겨난 거죠. 저도 이런 소재를 가지고 국내 몇몇 연예 프로그램에 나가서 재미있게 얘기한 적이 있습니다.

그런데 정말로 머나먼 우주 어디선가 날아온 외계인이 지구상의 파충류와 닮았을 확률은 얼마나 될까요? 관련 학자들은 그럴 확률이 아주 아주 희박하다고 합니다. 그럼 정말 렙틸리언은 존재하지 않는 걸까요? 어쩌면 UFO와 외계인이 먼 우주에서 온 것이 아니라 먼 옛날 지구상에 번성했으나 지금은 사라진 초고대 문명과 관련이 있다는 주장이 있습니다. 당시 지구의 대재앙으로 대부분 멸망했으나 그들 일부가 외계로 탈출했고 그 후손들이 종종 현재 지구인들 삶을 살펴보고 있다는 주장이죠. 이와 관련된 주장 중에는 지금부터 몇 억 년 전 인도양에 '레무리아'라고 불리던 대륙이 있었고 여기서 번성했던 종족이 바로 렙틸리언이었다는 이야기도 있습니다. 그렇다면 우리가 보고 있는 외계인들은 바로 이 레무리아 대륙의 후예들인 걸까요? UFO와 외계인에 대한 미스터리는 아직도 우리가 풀어야 할 중요한 과제입니다.

Q4. 저는 지구인을 처음 만나서 새롭고 신기하기만 해요. 그런데 자꾸 저에게 'UFO'와 '외계인'에 대한 이야기를 하는데, 저는 그 개념을 모릅니다. 지구인들은 외계인을 어떻게 생각하나요? UFO는 무엇의 약자인가요?

A4. UFO와 외계인

　UFO란 용어는 1952년경 미 공군 UFO 조사팀이 처음 사용했어요. 암호명 '프로젝트 블루북'의 새 팀장이 된 에드워드 루퍼트 대위가 그전까지 혼란스러웠던 용어를 이걸로 통일했죠. UFO는 미확인 비행물체라는 뜻으로 **Unidentified Flying Object**의 약어입니다. 그렇다면 1952년 이전에 어떤 용어가 쓰였을까요?

　UFO의 최초 목격자로 알려진 이는 케네스 아놀드입니다. 1947년, 케네스가 미국 레이니어 국립공원 상공에서 UFO 아홉 대가 편대비행 하는 것을 목격하고 기자회견에서 마치 찻잔 받침이 물 위로 물수제비 뜨는 것처럼 날아갔다고 말하자 한 기자가 그것을 비행접시, 즉 flying saucer라고 표현하면서 이 용어가 대중적으로 널리 알려졌습니다. 그리고 그 후 미 공군에서도 이 문제에 관심을 갖고 조사를 하는데 당시 쓰인 관련 보고서에는 비행 원반, 즉 flying disc라는 표현이 주로 쓰입니다. 실제로 당시 민간이나 군 관계자들이 주로 목격한 비행체가 원반 형태였기 때문입니다. 하지만 미 공군 내부에서 전담팀이 이런 물체들에 대한 조사를 진행하면서 몇몇 중요한 사건에서 원통형이나 구체인 경우도 있었기 때문에 좀더 포괄적이고 전문적인 군사 용어 도입이 필요하게 됩니다. 결국 루퍼트는 그것을 미확인 비행물체, UFO로 부르기로 결정합니다.

　그런데 미 공군의 UFO 전담팀은 1969년에 해체됩니다. 민간 전문가들이 그동안 전담팀에서 조사한 사례들을 분석한 결과 UFO는 과학적으로 연구할 가치가 없고 미국 안보에도 전혀 위협이 되지 않는다는 결론을 내렸기 때문입니다. 그러다가 최근 미군에 UFO 전담팀이 재가동하게 되었습니다. 이번에는 공군이 아니라 해군

▲ 4-1. UFO

때문이었죠.

2000년대에 접어들며 미국 핵 항모들 주변에 UFO들이 자주 출몰했어요. 태평양에서 훈련하던 니미츠 호와 대서양에서 훈련하던 루즈벨트 호가 바로 그 문제의 항공모함들인데요. 이들이 훈련을 하고 있을 때 UFO가 자주 나타나서 감시를 했다는 겁니다. 이때 UFO 동영상들이 찍혔는데 2017년 미 국방부 고위

▲ 4-2. 외계인

관료가 이것들을 뉴욕 타임스에 제보하면서 UFO 문제가 수면 위로 다시 떠올랐습니다. 결국 2020년에 미 국방부는 그 동영상들이 미 해군 비행 조종사들에 의해 촬영되었음을 공식 인정하게 됩니다. 그리고 곧 이 문제를 전담하는 태스크포스 팀이 꾸려집니다. 그 팀에서 이 문제를 조사해 2021년 여름에 예비 중간 평가보고서를 전 세계에 공개했는데 여기엔 UFO란 명칭이 없습니다. 대신 **UAP**란 용어가 등장했어요. UAP는 미확인 대기 현상(**Unidentified Aerial Phenomena**)의 약어입니다. UFO에는 '물체'라는 표현이 들어가 실제로 인공적인 비행체를 염두에 둔 듯한 느낌이 있기 때문에 '현상'이라는 단어로 바꾼 것처럼 보입니다. 그런데 최근 미국 상원의원 정보위원회에서 UFO 조사팀 창설에 관한 입법을 하면서 UAP의 의미를 바꾸었습니다. 이제 이 용어의 공식적인 명칭은 미확인 항공 우주 수중 현상(**Unidentified Aerospace·Underwater Phenomena**)으로 바뀌게 되었습니다. 니미츠 호 사건에서 UFO가 우주에서 대기 중으로 날아 들어오는 것이 레이다로 포착했고 또 이 UFO가 바다 속으로 들어가 움직이는 것이 소나에 포착되었기 때문입니다.

요즘 다시 미국에서 UFO 청문회를 화두에 올렸는데요. 새로운 증거를 더 찾으려 하기보다 앞에서 언급한 핵 항모 관련 사건들의 레이더와 소나 자료를 민간 전문가들에게 넘겨서 정밀 분석을 하면 충분히 UFO가 지구상의 기술이 아니고 우주에서 날아온 외계인들의 비행체라는 사실이 밝혀질 것으로 봅니다. 미 국방부가 이런 결단을 빨리 내리길 기대해 봅니다.

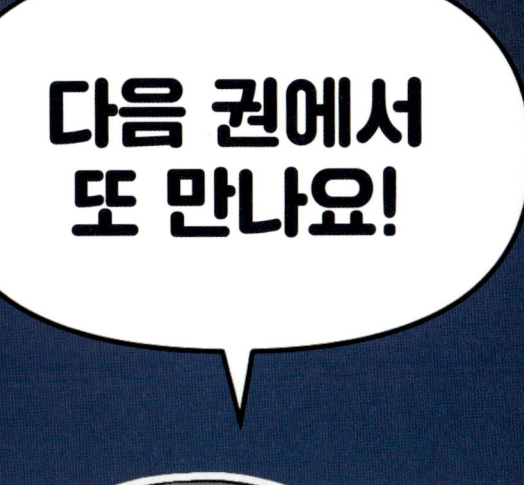

지켜라! 지구인 ⓒ O.M.J Co., Ltd.

초판인쇄일 : 2023년 10월 24일
초판발행일 : 2023년 10월 31일

| 기　　　획 | : 오마주 주식회사 | **비즈니스디렉터** RK · **크리에이티브디렉터** Z1 **아트디렉터** RK · **프로듀서** VARY
| 글 | : 맹성렬, 전재운
| 만　　　화 | : 유희석
| **편집·디자인** | : ㈜재담미디어 웹툰앤북본부 편집부

펴　낸　이 : 황남용
펴　낸　곳 : ㈜재담미디어
출 판 등 록 : 제2014-000179호
주　　　소 : 04035 서울특별시 마포구 월드컵로 8길, 48
전 자 우 편 : books@jaedam.com
홈 페 이 지 : www.jaedam.com

인쇄·제본 : ㈜코리아피앤피
유통·마케팅 : ㈜런닝북
전　　　화 : 031-943-1655~6 (구매 문의)
팩　　　스 : 031-943-1674 (구매 문의)

ISBN : 979-11-275-0332-1 77400
　　　　 979-11-275-0330-7 (세트)

어린이제품안전특별법에 의한 제품 표시
제품명 도서 | **사용연령** 만 7세 이상 | **제조국** 대한민국 | **제조자명** ㈜재담미디어 | **제조년월** 2023년 10월

· 이 책은 저작권법에 의해 보호받는 저작물이므로 무단전재와 불법복제를 금하며
  이 책의 일부 또는 전부를 이용하려면 저작권자와 ㈜재담미디어의 서면동의를 받아야 합니다.
· 인쇄·제작 및 유통 상의 파본도서는 구입하신 서점에서 교환해드립니다.

『지켜라! 지구인』의 저작권은 오마주 주식회사에 있습니다.
『지켜라! 지구인』의 캐릭터/스토리 등 IP 라이선싱, 사업 제휴 등 IP 사업 관련 문의는
오마주㈜ 이메일(omj@omaju.net)로 주시기 바랍니다.

세계유산을 지키러 떠난 김가람PD와 친구들!

모험을 함께하며 세계의 역사와 문화를 만나 보세요!

KBS 〈걸어서 세계속으로〉 김가람PD와 함께
발로 뛰듯 생생하게 느끼는 리얼 세계사!

① 가자! 유럽 속으로
발트해의 심장, 라트비아

② 가자! 아르헨티나로
세상의 끝, 파타고니아

PD 김가람

서울대학교 언론정보학과 졸업 후 KBS에 PD로 입사,
카메라 7대를 짊어지고 세계를 누비며 기획부터
대본, 촬영, 연출까지 모든 것을 하는 PD로 알려졌으며,
KBS 〈정해인의 걸어보고서〉에 여행 멘토로 출연했습니다.
지금은 〈환경스페셜〉을 만들고 있습니다.

tvN
〈유 퀴즈 온 더 블럭〉
'감독의 세계' 편 출연

KBS
〈걸어서 세계속으로〉
〈환경스페셜〉 연출

유튜브 <안될과학>의 인기 크리에이터
궤도의 과학 학습만화 시리즈!

궤도와 궤도 주니어! 위기에 빠진 과학자를 구하고, 인류의 과학을 지켜라!

3권 줄거리

위기의 아인슈타인을 구하고 과학관으로 기껏 돌아왔건만, 루드볼 족이 갈릴레오 갈릴레이가 살던 시대의 이탈리아에서 새로운 계략을 꾸민다고?! 그들을 쫓아 시간 여행을 하던 도중, 다른 시대와 장소로 떨어져 버린 이재와 다니! 하지만 지체할 시간이 없다.
갈릴레오 갈릴레이를 먼저 찾아야 한다고!

 재담